禪 寺院建築

1983-2013　靈鷲山教育院/彙編

靈鷲山30週年山誌
Ling Jiou Mountain 30th Anniversary Edition

序

全球化的巨輪不斷地向前滾動，古往今來的歲月流轉輝映出不同的時代面貌。初上靈鷲山至今，已經是三十年的光陰了。

回首三十年來的歲月，靈鷲山能夠從無到有，自微而壯，以禪立宗，以心傳心，弘揚佛陀無上微妙法義於當代娑婆，賡續祖師珠璣法教宗風於四眾學子，並承繼太虛大師和虛雲法師的禪行志業。都要感謝諸佛菩薩的慈悲加被，以及所有善信大德的護持擁戴。在大家的共同發心努力下，方能譜下一段段用汗水辛勤播種、用正念面對橫逆、用願力成就一切的靈鷲山故事。

早年我因為閉關往返於宜蘭臺北之間，看到東北角的地理氣場，我感到這裡似乎有一大緣起的道場，後來因緣際會踏上這一片土地，讓我可以度過危險的斷食關，雖然眼前是一片荒蕪叢林，但靈氣十足，度眾的緣起也打開了。秉持著修行人對諸佛菩薩的使命傳承，以及對眾生關懷護念而來的無盡願力，讓我和十方善信弟子，毅然在此開墾生根。大家從零開始，齊心協力，披荊斬棘，一步步地把這一片杳無人跡的荒山，打造成佛子往來不絕的人間佛土。從祖師殿到華藏海，一石一瓦寫下靈鷲人共同的記憶；從多羅觀音到毗盧觀音的交流，串聯靈鷲山與南海觀音道場的一脈相承；而從靈鷲山總本山禪堂到全球禪修中心的延伸，更是勾勒華嚴聖山計畫的藍圖座標。

我是一個觀音法門的行者，這三十年來的修行弘法，願力就是關鍵，這份願力源自於禪的體悟，也得以舒展因緣而呈現出華嚴的志業，總攝是觀音的教化啟示，觀音的示現都是時代所需的啟動。禪修，讓我透澈無常生滅背後的生命實相，並體悟到生命之間彼此是一個相互關聯的共同體。成立道場以來，我們以「慈悲與禪」作為宗風，引導大眾從心的修持觀照中轉化出關懷濟世的菩提願心，並以此利生度化，終而成就共生圓融，多元和諧的華嚴淨土，這是行願貫徹的自然展現。

　　從一個人的體悟逐漸善緣具足，籌組護法會、成立各基金會，推動禪修、法會、朝聖、生命關懷來連結大眾的生活實踐。隨著開山的緣起流轉，創辦世界宗教博物館是一個重要里程碑，宗博宣揚「尊重、包容、博愛」理念，因應時代的挑戰與衝擊，促進國際間宗教對話與交流合作，共築「愛與和平，地球一家」的願景，這樣的特殊志業帶動了社會的生命教育，也把禪修內修的身心鍛鍊變成人人可以當下修行的「平安禪」，更進而擴大為「寧靜運動」，為五濁世間灌入禪修清靜祥和能量。這些循環連結點點滴滴的美好記憶，今後也將持續不懈地進行下去。

　　宗教修持以身教為主，教育是僧信循環的根本，僧信就是師徒教育，就是做聖凡的轉換機制，我將自己的修學歷程和禪修體證融會到佛陀的教育，歸納為僧信四期教育體系，希望從最初僧格養成的「阿含期」到最終培養住持導師的「華嚴期」，次第教導，培育更多佛門龍象從事弘法度眾的志業，從僧眾到居士幹部都歸同一核心修持。落實個人實踐「工作即修行，生活即福田」的生活禪理念，體認「生命服務生命、生命奉獻生命」的真諦，貫串到僧信循環，這樣具足生命關懷與回歸靈性的教育，就是生命和平大學的基本盤，進而還要以這樣的教育平臺來回應時代發展，培養覺醒生命的「愛與和平」種子，從心的和平延伸成整個世界的和平。

　　經過三十年的風雨陰晴，我們要更省視並確定自己的腳步，以此「立禪風、傳心燈」，把這份心的見證作為傳承法脈的基因，持續努力灌溉慈悲的遍滿，變成生命和平大學。讓我們持續串聯無數的三十年，來創造「華嚴聖山」無盡圓融。這是我的願力，也是這個時代的需要。

靈鷲山佛教教團

開山和尚　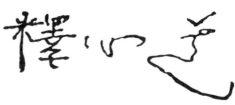

1983-2013
靈鷲山30週年山誌
寺院建築篇

目錄

壹、緒論：華嚴聖境　和平淨土

「靈鷲山就是和平的聖山！聖山就是華嚴淨土、正覺世間。華嚴的目的為和平、大同，以地球為一家、世界和平來創造、推動、釀造華嚴，醞釀這種和平的緣起。我想，靈鷲山的出現，就是為了做這件事情，而這也是我們的使命。」

——心道法師

　　靈鷲山是心道法師歷經多年苦修實證，明悟本心覺性，欲以菩薩悲心度眾，行菩薩道濟世，而成立的一個以禪修實證為道風的寺院道場，也是心道法師送給全球人類的珍貴禮物。一直以來，靈鷲山秉持心道法師的修行理念，以「慈悲與禪」為宗風，注重心的追求，重視人與自然的和諧，揉合漢傳、南傳、藏傳佛教的三乘法脈，以寂靜修的禪修法門，強調身處寂靜狀態，探索本心之覺妙；並以「尊重、包容、博愛」的世界宗教博物館精神，進行跨宗教交流與對話，推行「愛與和平」的華嚴世界觀，達到息爭止紛、使地球和平的理想。

　　心道法師的理念為將靈鷲山建設成一個可供世界各宗教在此相互交流、追求靈性的神聖區域，用以充實並轉換身心靈，達到「心和平，世界就和平」的華嚴聖境。雖說靈鷲山處於山巔海隅，腹地有限，殿堂空間與樓層皆不大，建築物亦多散布山林間；不過，整體建築的意象契合心道法師與大自然共生存的建築理念，運用當地石材，依山建築，不輕易破壞一草一木，建造「會呼吸的石屋」，

避免破壞生態,透過外在建築空間,由外而內地給予人們,塑造環境的清淨,使人徜徉其中而能獲得心靈上的寧靜,使生命之間形成良性互動,造就和諧的生命環境。所以,在道場中常可見岩石、大樹於路中央或房屋內,與依山而建或隱身於樹林中的建物等景象,表現出與自然和諧共存的特色。

心道法師在世界宗教博物館開館後說:「山上將來要建設聖山,聖山的作用在生態共生的環保教育,還有最重要的學習內在真理的作用。」現代人身處多元化的社會環境,接觸過多雜亂資訊,造成人們心靈混亂、不寧靜,心道法師認為:「靈性是人人皆擁有的寶藏,靈性與靈性之間是沒有傷害的。只是這個寶藏的覺醒需要被引導與啟發,當我們覺知到內在與外在、自我與他人在靈性上都是生命共同體時,才能推動靈性道德的價值觀來改善這個物化的世界。透過心靈的轉換,使內心安定和諧,進而創造外在和諧。」

因此,靈鷲山本著追隨上師弘化度眾心願,從道場剛成立時,祖師殿、開山聖殿、法華洞等早期殿堂建築的艱辛,至今日的粗具規模,現在靈鷲山推動「華嚴聖山計畫」,作為接引眾生學佛成道、轉換靈性的和平基地,為靈鷲山追求「愛與和平」願景的起點。透過神聖、莊嚴的建築設計與自然、單純的環境氛圍,於清涼自在的環境中,創造圓滿覺性的心靈聖山,使佛法永傳,成為佛子心中與現實的聖地,使人身在其中能靜心寂靜,煩惱不生,重新整理紛亂的心,開展華嚴聖山慈悲度眾的精神。

從自然和諧的生態環境、祖師大德的悟道故事的汲取中，靈鷲山的寺院建築，蘊藏讓人至此可使內心沉澱、心靈寧靜，進而擴展至外在環境，使人與自然萬物能和平共存，具足生態、心靈、環保與宗教文化交流的神聖區域。讓深處其中的常住、信眾、遊客，皆能發「上求佛道、下化眾生」的菩提心，發大心、立大願，創造愛與和平、世界一家的華嚴淨土。

因此，在建築建造特色與空間規劃、利用上，靈鷲山呈現多元化的建築特色，注重空間的細部規劃，往往可從小處看出心道法師的禪修特色、法脈傳承與繁榮地方、淨化社會之理念。

貳、自然與神聖共存：總本山

「靈鷲山的成長，是很艱辛的，從一無所有開始，慢慢建造；
經過這麼多年，我們一直抱持一個心願，就是希望讓這裡變成
學佛的淨土、清淨的空間，使我們紛擾的心，經由學佛，使身
心靈都清淨。」

——心道法師

一、緣起——靈鷲山祖庭寂光寺

靈鷲山道場之建築，緣起於心道法師的修行願力，
逐步於福隆的荖蘭山建設無生道場，但早於心道法師到福
隆之前，曾於宜蘭礁溪的墳塚堆中修持苦行，並於礁溪龍
潭湖畔，結一茅棚，名「如幻山房」，取「生死無常，如
夢似幻」之意；後道場逐漸擴充為三層樓建築，名「寂光
寺」，佛法上，以諸佛法身所居之莊嚴清淨國土，稱「常
寂光土」。

寂光寺山後即為宜蘭礁溪鄉匏崙公墓區，心道法師每
晚前往墳塚區禪坐，如此前後長達四年。期間，漸有信眾
風聞心道法師塚間修行事蹟，前來參訪，心道法師亦開始
收徒納眾，後為審除內心細微疑惑，發願斷食閉關，以求
徹底參悟生死；但因外緣不絕，深覺困擾，於一九八三年
轉往福隆荖蘭山普陀巖、法華洞，續行閉關，開啟靈鷲山
開山的因緣。於靈鷲山成立之後，寂光寺因見證了心道法
師實修實證的毅力與精神，成為靈鷲山的「祖庭」。

靈鷲山祖庭寂光寺

二、總本山──無生道場

一九八三年，一位以苦修為志的窮和尚，來到福隆俗稱「鷹仔山」的荖蘭山，先借得普陀巖一地，續至法華洞，力行斷食閉關，務求本心的明悟，此為心道法師與靈鷲山的因緣，也是靈鷲山開山的緣起。

福隆「荖蘭山」因為空中多老鷹盤旋，且山中多奇石，貌似鷲喙，故又名「鷹仔山」，與佛陀當年宣說妙法的靈鷲山相似，玄奘《大唐西域記》：「接北山之陽，孤摽特起，既棲鷲鳥，又類高臺，空翠相映，濃淡分色。」此山似印度靈鷲山，又同處東北角方向，心道法師遂以靈鷲山為名，於一九八四年創建「無生道場」。「無生」指覺性無生無死；而「道場」原指釋迦牟尼佛成道的「金剛座」，後泛指佛教修行弘法的所在，也是菩薩的住所、僧伽安身立命之處，是每個佛子行菩薩道成佛的地方。

長久以來，我們一直在享受著大自然與祖先的遺產，卻沒絲毫回饋給生養我們的土地。心道法師有鑑於此，以聆聽寂靜、貼近自然、尋求本心的禪法修行，生起慈悲菩提心，行弘法濟世之本懷，提出「修行弘法，弘法修行」的理念。心道法師早年長期於塚間苦修，每天生活以簡單、樸實為原則，依循禪宗祖師不造作、貼近自然的修行方法，這樣的修行理念也反映在靈鷲山的建築上。心道法師說：「聆聽寂靜就是在一個寂靜環境中，用耳根圓通導引大家進入覺照清靜、圓照清淨的覺性，回到自性，覺知自性。我的法與思想行為皆落實在修行上，對我而言，生活的修行跟蹲在山洞的苦修是一樣的，都在闡悟自我心中

覺性，發菩提心以度眾利他。」

靈鷲山無生道場的建築理念即呼應心道法師的修行理念，以不破壞自然環境、與自然共生存，形成簡單、純樸、和諧共存的自然建物景觀，契合「生態倫理」，展現禪風理念。表現於外，則可見道場建築以石屋、瓦房等當地建材為主，依山傍海，體現海天壯闊、與自然共諧的理念，讓來山者都能領受自然造化的真善美，也作為心道法師弘傳佛法的體現之所。

來山的信眾從半山腰的阿育王柱開始，踏著舒緩步伐，一路欣賞靈鷲山無生道場的殊勝景觀與建物，徜徉於自然與佛法的大海之中，感受山與海的對話吟唱，體驗海天一色的美景。靈鷲山無生道場大致可分成五大區域，首先是由半山腰阿育王柱經朝山大道至山門「天眼門」，無生道場每舉辦重大慶典活動，無數的信眾虔誠地以七步一拜的方式朝山，表達對聖山的恭敬。其次，朝山大道旁的五百羅漢步道與名山道場，信眾漫步於山林之間，除享受豐富的芬多精，亦可透過五百羅漢石像與菩薩道場，感受菩薩度眾的悲心願力，興起求佛成道的菩提心願。

第三，為以多羅觀音道場為主的周遭建築，包括四大護法神像與十二因緣圖、多羅觀音、舍利塔林、觀音殿關房等，觀音菩薩是心道法師佛法啟蒙的導師，也是靈鷲山弘化度眾的精神燈塔，於此繞佛、經行，更能體會心道法師化度眾生離苦得樂的悲心願力；第四，為靈鷲山大雄寶殿——華藏海為主的區域，包括聞喜堂、知客堂、華藏海、龍樹學堂等處，是靈鷲山腹地較大，舉辦各種活動的

地方；最後是靈鷲山的宗風區，包括文化走廊、開山聖
殿、祖師殿、法華洞、鷲首石、圖書館、觀海臺等處，為
靈鷲山最早開發的區域，行走於此，更可見心道法師創建
無生道場的艱辛，其中更富含許許多多的禪風應機故事。

（一）初發心，便成正覺——朝山大道

靈鷲山無生道場入口以阿育王柱為開始。印度孔雀
王朝時期的阿育王（約西元前三世紀），為佛教大護法，
曾於各處樹立石柱以宣揚佛法。靈鷲山於二〇〇八年開山
二十五年前夕，心道法師倡議建阿育王柱，以誌宣揚佛法
妙理，阿育王柱高十四公尺，柱頂飾以法輪表佛法傳揚、
獅子表佛陀弘法威德震十方、蓮花瓣喻意菩提心，柱體鐫
「靈鷲山無生道場」，代表靈鷲山於此開山立道場，誓以
弘揚正法、廣開甘露、普濟眾生為志；以及象徵心道法師
弘揚佛法之心，述說創建道場的初衷。

從阿育王柱開始，即是成佛大道，又稱朝山大道，直
至無生道場山門——天眼門，全長兩公里。雖然只是一條
柏油道路，卻承載早期皈依弟子諸多回憶，因為早期此路
只是一條泥土路，只要一下雨，路面即泥濘不堪，開山之
初，心道法師常往返臺北、福隆兩地，弘法度眾，有次心
道法師深夜回山，車子陷於泥濘，心道法師便與隨行弟子
下來推車，大夥疲憊不堪，且心疼心道法師勞累，紛紛勸
請先回山休息。

但是，滿身泥濘的心道法師，仍堅持要將車子推出泥
沼，心道法師說：「我的生命中沒有放棄兩個字。」心道

阿育王柱：靈鷲山入口，象徵心道法師
弘揚、傳承佛法之決心。

靈鷲山無生道場

紫雲山普陀巖
拱南宮
靈鷲山無生道場

法師此種堅忍精神除表現在苦行修道上，也表現在弘法利
眾的態度上，弟子眼見於此，也紛以行動護持上師，故常
可見信眾一路虔誠地跪拜朝山，以表達追隨師志之情。

　　朝山大道的終點為無生道場山門——天眼門，天眼
門，意即「空性之門」，含藏智者達空，悲心湧現，慈眼
看護眾生的隱喻。其中，「天眼」指虛空之眼，表達佛眼
澈見十方三世、法界虛空，諸法空性之意。天眼門造型深
具藝術色彩，門柱以印度高硬度紅砂岩為材，色紅，予人
溫暖有熱力之感；柱上刻畫世界各大宗
教的古老修行圖騰，象徵人類對

宇宙自然現象的各種探究，呈現靈
鷲山「尊重、包容、博愛」的華嚴精神。

　　心道法師建設靈鷲山，不只提供一
處修行、聚會之所，亦將禪味深藏於建
築中，時時、處處皆可應機度眾。某日，
心道法師與弟子於靈鷲山山門——天眼門
附近經過時，心道法師問弟子：「天眼門
在哪裡？」弟子頗感疑惑，指著天眼門說：
「就在那裡啊！」心道法師搖頭說：「因為你
們看不到門，所以才要把它框起來，告訴你，

那是門。」其實，倘若能瞭解諸法空相，覺照自我覺性，則「天眼門」即存在於人人心中，透過引人發省的禪機對答，讓來山大眾在欣賞美景時，亦讓心中得到甘甜冷泉的洗滌。

　　總體而言，第一區體現出心道法師弘揚佛法的期盼與決心，使來山大眾有初步的瞭解，開啟認識靈鷲山與心道法師的第一扇門。

天眼門於何處？一切盡在禪修體悟中。

五百羅漢步道：錯落分布於道場內的學佛
典範，激勵往視者的向佛之心。

（二）悲智願行——菩薩住處

位於朝山大道旁、穿梭山林小徑的五百羅漢步道，沿途經過地藏道場、普賢道場與文殊廣場。

從朝山大道旁的山中小徑拾階而上，即進入五百羅漢步道，道旁安奉以「青斗石」雕成的羅漢石像，錯落林間，演述佛陀時代，常隨佛學的聖眾弟子之行誼故事，激勵參訪者向佛之心。五百羅漢步道沿途設有地藏、普賢道場，緣起乃心道法師一九八八年，首度前往中國大陸朝禮觀音、文殊、地藏與普賢等四大菩薩之名山道場時，發願於無生道場建設此四大菩薩之道場，使來山大眾藉瞻仰四大菩薩的道場，生起悲智願行的精神，發起菩提心。

　　地藏道場以塔為代表，於中央建有「大願舍利塔」，仿自古印度佛陀初轉法輪聖地鹿野苑的舍利塔造型，表示累積功德、解脫煩惱、離苦得樂。塔內中央為一刻滿《地藏本願經》經文的經柱，頂端為法輪，法輪中央即為舍利子裝臟所在，地藏菩薩以「地獄不空，誓不成佛」的大願，被視為佛教修行「願」的代表，是末世的救星、地獄的救護者。心道法師亦常向弟子述說發願的重要，勉勵眾人要發菩提心、行菩薩道，認為：「只要內心虔誠──發自骨髓的虔誠，必得感應，處處都是聖地。」強調信、願的重要。

地藏大願舍利塔：「發自骨髓的虔誠，立願廣行菩提道。」為心道法師「願」的象徵。

　　普賢道場以「佛足巨石雕刻」與刻有「普賢十大願」的石碑為景，道場前有五十二級石階，代表《華嚴經》內記載菩薩的五十二個修行階位，表達佛教修行實踐的次第。心道法師對於佛教「行」的看重與教導弟子的活潑，可由下述故事得知。某日，弟子問心道法師：「您教我那麼多，為什麼我還沒開悟？」心道法師回答：「**我能教你的，是我的，不是你的。**」弟子疑惑不已，心道法師見之，又說：「**你必須要去實踐，才會變成是你的。**」藉著簡潔對機，讓我們體認到實踐的重要。

普賢道場：漫漫階梯自腳行，五十二階梯表菩薩修行
階位，心道法師云：「你必須要去實踐，才會變成是
你的！」代表菩薩道「行」的實踐。

　　而矗立於山上最高點，高十五公尺，於蓮花中綻現的
十一面觀音，則是東北角濱海公路的新地標，也是心道法
師近年閉關之關房。十一觀音面面各朝不同方向，寓有護
持十方法界眾生之意。當中，又以十面表慈心予樂、大悲
拔苦之意；最上一面則頂戴上師阿彌陀佛，象徵觀音修法
的極致──「花開見佛悟無生」，代表圓成十一地佛果。

　　像內裝臟三寶聖物，周環舍利塔一百零八座，代表降
伏一百零八種煩惱，成就一百零八種功德之寓意。立於此

地，除可瞻仰十一面觀音聖像，激勵向佛之心外，也可遠眺臺灣東北角勝景如東南方的蘭陽平原、龜山島，東邊的三貂角燈塔，以及西北邊的臺灣極北點鼻頭角燈塔，周圍約三百度臨太平洋，為臺灣之最。

十一面觀音：「花開見佛悟無生，圓滿十一地佛果。」為觀音修法之極致。此地也是靈鷲山景觀最廣闊處。

（三）慈眼視眾生——觀音道場

　　位於天眼門旁的觀音道場，可俯瞰東北角濱海公路、卯澳海灣以及三貂角燈塔，內有一風動石，禪坐於此，靜聽風聲、海潮聲，讓人頓消塵世煩躁爭鬥之心；眼望多羅觀音塑像，更生起慈悲度眾之菩提心。心道法師十五歲時初聞觀音聖號深受感動，立志學習觀音菩薩的慈悲救苦精神，從苦行至修行成就、弘法利生，皆以觀音菩薩為其上師，日夜持誦〈大悲咒〉，教導弟子以觀音菩薩的耳根圓通法門禪修，聆聽寂靜。所以，大眾蒞觀音道場真可於此體驗靈鷲山「慈悲與禪」之宗風精神。

　　由天眼門前往觀音道場，首先映入眼簾的是位於天眼門前的四大天王像與十二因緣圖，四大天王乃最有福報的天道眾生，為廣利眾生、誓願護持正法的菩薩化身；中央的十二因緣圖，則以無明、貪愛為輪迴的軸心，透過修行，了達本然無生的實相，以得解脫，揭示佛陀所證悟的基本生命法則，體悟到心為修行根本。心道法師曾以「心最好玩，它時刻都在變。真的愛玩，就去觀照它，去玩心！」一語教導弟子「玩心」，應機剛出家弟子的習氣未定。此圖多見南傳佛教國家，為寺院教授弟子禪修的重要教材，心道法師以「三乘佛教各具優點，彼此可互為學習借鏡。」為由，將之立於道場，提醒見者覺悟修行，擺脫無明、貪愛苦海。

　　過天眼門往右即可至觀音道場，觀音道場以高十二公尺、青銅塑像的多羅觀音為景，金身顰眉鬐面的多羅觀音，左手結與願印、右手施無畏印，象徵靈鷲山濟度眾生的觀音慈悲精神。梵音「多羅」為離塵垢之意，據《佛說

大方廣曼殊室利經・觀自在菩薩授記品》
載：菩薩入普光明多羅三昧，以三昧力，
由眼中放大光明，多羅菩薩即由光明中而
生，故靈鷲山多羅觀音身金色，面黑表示除
垢障，象徵觀音菩薩濟度一切有情出離充
滿障礙、塵垢的娑婆
世界，照護眾生的大
悲心。

　　心道法師說：「生
命本無常，只要有信心，
在無常裡找到自己的真
心，就是真正的修行。佛
是什麼？就是覺悟與慈悲。
覺悟，是透澈地瞭解；慈悲，
則是瞭解之後的奉獻。」強
調修行即具足悲心、奉獻生
命，效法觀音拔苦予樂精神。

　　多羅觀音聖像基座，三面
環列圓覺十二菩薩像與修證偈
語，後面設有觀音菩薩心咒「唵嘛
呢叭咪吽」轉經輪，盼來山信眾能
將觀音法語印入內心八識田中，萌發
菩提心、入菩提道。心道法師常說：
「平日能夠平等對待一切眾生，並且
關心和幫助他們，就是真正的慈悲；

多羅觀音：慈眼視眾生，
悲心度一切；象徵心道法
師發心立願以行菩提道弘
化之意。

有了真正的慈悲，就什麼都不會怕；有空的話，多念會讓你生起大慈大悲的〈大悲咒〉，也有一定的幫助。」提倡人人誦念〈大悲咒〉，激發自身悲心，學習菩薩道。

觀音道場周圍有五十三座舍利塔林與風動石。舍利塔，本為弟子為紀念佛陀萬德莊嚴始設，靈鷲山於塔內皆裝臟有象徵「佛」的佛像及舍利、象徵「法」的經典，與象徵「僧」的袈裟等三寶聖物，蘊含庇護加持眾生的向佛信心之意。其建築樣式，雜見南傳、漢傳、藏傳三乘佛教元素，體現心道法師三乘法教相融的特點，為道場共通建築特點。

位於觀音像附近有一風動石，心道法師曾於山上領數名弟子至風動石禪修，傳言此風動石只要風一吹動，即能感受大石微動。有一弟子問：「師父，是風動，還是石動？」眾弟子此時皆憶起《六祖壇經》中「是風動，還是旗動」之故事，頗期待心道法師古今對照之回答。只聞心道法師淡然回答：「一切萬物都在動，只要我們的心夠靜，就能聽見『動』的聲音。」

多羅觀音與舍利塔林

　　二〇一二年四月，靈鷲山首次舉辦「二十一日百萬大悲咒願力閉關」，號召四眾弟子以持誦〈大悲咒〉的閉關，積福累德，迴向地球平安，世界和平。在二十一日閉關圓滿的隔天，也就是四月二十二日「世界地球日」，靈鷲山舉辦「百萬真心，地球平安」活動，並於多羅觀音旁的天然大石，鐫心道法師手書「地球平安」以為紀念其時其人以廣大願力，效觀音慈悲之精神，二十一日不懈念誦〈大悲咒〉，願地球平安、「心和平、世界和平」。

　　在塔林下方，有三個圓形建築，是心道法師閉關用的觀音殿關房。因從觀海臺望之，此地形似臥佛耳朵，故於此建關房，暗契心道法師耳根圓通的修行法門。二〇〇六年二月，心道法師以身作則，望弟子們能將多年奔走於籌建世界宗教博物館的心思加以收攝、沉澱，回歸修行，所以在此進行為期一年的閉關。之後，心道法師亦常多於此處進行閉關，可視為心道法師修行理念的總結、體現之處。

（四）三乘即佛乘——華藏海（大雄寶殿）

　　過天眼門，往左下山而行，沿途經過聞喜堂、知客堂與華藏海、龍樹學堂，此區域為靈鷲山主要活動區域，也是心道法師三乘合一思想的顯化所在。其中，矗立於天眼門與華藏海間的聞喜堂，乃來山大眾第一個接觸到的建築體，為民眾休憩的驛站與參禮拜佛的心靈場所。心道法師於宜蘭龍潭塚間修行時，曾於淨觀禪定中，得藏傳噶舉派祖師密勒日巴尊者為其摩頂授記並賜號，故以尊者之名「聞喜」作為堂名，以此砥礪自身。早期此處乃芒草蘆花所建的「草棚」，以水泥模板舖地為禪墊，作為僧伽四季禪修閉關的「選佛場」；後毀於颱風，重新翻蓋而成。

　　聞喜堂一樓供奉緬甸白玉臥佛與泰國四面佛，設有禮品部與飲品餐點。二樓為財寶天王殿，供奉藏密的財寶天王，為四天王之一的「毗沙門天王」，是閻浮提北方守護神。其造型為一面二臂，全身色金，頭頂五佛寶冠、身著金甲、披戴珍寶瓔珞，右持寶傘蓋、左抱吐寶鼠，天庫寶藏盡其所有。財寶天王殿設有智慧籤，智慧籤為靈鷲山獨特自製四句籤詩，為來山善信解惑，提供佛法智慧。聞喜

堂屋頂置有法輪雙鹿，象徵佛陀初轉法輪的鹿野苑，更以雙鹿喻智慧、方便法門並重，標示弘揚佛法的智巧並行真諦。

每年新春期間，靈鷲山皆禮請藏傳仁波切來山於財寶天王殿修法，來山「走春」的信眾，都會特別來到財寶天王殿，祈求未來一年的平安與富裕。心道法師曾開示大眾於禮拜財寶天王時，除求世間財外，更不要忘了出世間財的重要，以「世間財終有匱乏之時，唯有出世間財才是真，學習佛法是累積福報、智慧資財最好的方法，如同錢存銀行般，我們把善緣存在每個眾生的記憶體，如此我們就能擁有生生世世永不盡的福報了！」勉勵人人力求出世間財，累積自身福報資糧。

過了聞喜堂，下行即至知客堂，內有導覽影片與志工朋友奉茶，作為接待來山旅客之處。續往下行則至華藏海。

華藏海，是靈鷲山無生道場大殿，因早期開山艱困無比，腹地有限，曾於此地搭建鐵皮屋為集眾之用，平日停車、週末聚眾、節日法會及僧眾閉關皆於鐵皮屋內，克

無生道場的黃昏景色

華藏海內景：於莊嚴明亮的空間，開展
「以智慧建構世界和平的國度」。

難使用多年。心道法師見之於心不忍，發願籌建一處讓來
山善信安心辦道、聞法共修的殿堂，所以有了華藏海的建
造，為三層樓建築。「華藏海」之名，出自《華嚴經》
「入蓮華藏世界海」。心道法師以「華藏海是智慧的世
界、一個無障礙空間，在這裡的眾生皆能互相成就彼此的
功德，以智慧建構世界和平的國度。」表達心中對事事無
礙、「愛與和平」世界的期許。

華藏海依著山勢與自然景觀興建。內供奉緬甸白玉
佛、毗盧觀音、千手千眼觀音及四大天王；外則於屋頂與
外牆處，整齊鑲嵌經由格魯派哲蚌寺強巴仁波切連續三天
修法加持的銅雕時輪金剛咒牌，整體建築揉合三乘元素。
殿前廣場外則罩以強化玻璃，可見海天一線的遼闊海景，
殿內白玉佛像法相莊嚴，時有梵音唱誦，更顯莊嚴殊勝
之感。

　　華藏海殿內供有毗盧觀音，是二〇一一年靈鷲山與同為觀音信仰重地的中國大陸普陀山相互交流，普陀山主寺普濟寺以寺中主尊毗盧觀音原像比例縮小重鑄贈與靈鷲山，二〇一三年，靈鷲山亦將贈送普陀山多羅觀音之重鑄身，作為兩山觀音信仰交流之見證。

　　二〇〇三年靈鷲山開辦三乘佛學院，以傳授佛陀三乘教法、傳承心道法師阿含、般若、法華、華嚴四期教育思想。位於華藏海旁的龍樹學堂正是佛學院授課、教務與學務行政所在。龍樹學堂現有教室二間、教學研討室一間以及教務、學務行政辦公室二間。佛學院之課程設計有三乘佛學、靈鷲學等，早晚亦需禪坐及四季閉關等禪修行門，讓學生能福慧雙修、解行並重；此外龍樹學堂下有菜園，為佛學院學生出坡、習農作之所，唐時期的百丈懷海禪師首創農、禪「一日不做、一日不食」的叢林規制，其遺風亦見於三乘佛學院。

　　心道法師禪法活潑、峻烈，教育弟子常從生活周遭取材，以「生活即福田，工作即修行」的態度，以生活化的教育方式引導弟子進入佛法大門，曾有居士見及靈鷲山的法師們每每十分忙碌於弘法志業，因而向心道法師詢問法師是否有放假時間？只見心道法師回答：「出家人只有放下，沒有放假。修行是時時刻刻都不放逸的。」顯示心道法師的修行決心與對弟子教育的要求和重視。

（五）慈悲與禪──開山聖殿與早期聖蹟

　　文化走廊、開山聖殿、祖師殿、法華洞等殿堂為靈鷲山開山時期最早的建築群，為道場的「宗風區」，體現了心道法師苦修德範與護法居士一路走來的甘苦，對於靈鷲山的歷史有一清晰瞭解，通過時間與空間、人與物的架構，使來山者更加深入瞭解心道法師修行理念。

開山聖殿前的風雲變化

　　信眾於華藏海拜佛後，續往前行，穿過羅漢步道，步
道中有數尊羅漢石像靜靜地坐於路旁，享受夕照與徐徐海
風，身心頓時清涼，過羅漢步道即至文化走廊，為一ㄇ字
型建築，常舉辦各式特展活動，讓來山善信瞭解心道法師
與靈鷲山的思想與理念。文化走廊室內有一突出牆面的大
石，為文化走廊原始山壁突石，充分展現心道法師尊重自
然、尊重山林的精神，並且藉此提醒弟子，禪即是自然無
造作。

　　而一九八四年落成的開山聖殿，乃創寺的大殿所在，殿堂面臨壯闊的太平洋，背靠麒麟巖，左側有鷲首石，石如鳥喙，唯妙唯肖，為靈鷲山傳奇的天然圖騰之一；右可遠眺觀音道場，前可俯瞰大鵬山。其建築配合自然環境，背靠大山，心道法師堅持「建築要活在大自然裡」，認為「建築是大自然的一部分，不是要改變自然。」講求建築與自然的和諧，殿前新設木製觀海平臺，信眾可於此眺望太平洋，欣賞海上風雲變化，體悟無常。殿內原供奉全臺

麒麟巖下的開山聖殿，現為道場禪堂。

首見的左臥佛，現已移至規劃中的森林大禪堂中的臥佛殿，改奉緬甸國寶白玉佛、泰國帕塞雅金身吉祥臥佛以及泰國僧王智護尊者（H. H. Somdet Phra Nyanasamvara）致贈的長壽金佛，亦供奉大伽葉、阿難尊者左右兩脅侍，以及諸多舍利、佛寶，目前作為道場禪堂使用。

殿內的聖石，乃落自山巖的大石。二〇〇七年年初，寧瑪噶陀派第十六世莫札法王來山與閉關一年甫出關的心道法師會面時，見到巨石隱現自然形成象徵萬有生命的「吽」藏文種子字，法王提筆描繪，為當時盛事。開山聖殿殿外有完成於二〇一二年的仿印度正覺塔的縮小比例銅製佛塔，殿外另有左右伽藍、韋陀像，為護持佛教之重要護法。

而作為山上最早興建的殿堂，也是宗風精神所在的祖師殿，乃一座依山而建的石屋，中供「西天東土禪宗歷代祖師聖位」之木牌，紀念佛陀及禪宗歷代祖師法脈傳承。殿中含藏諸多僧眾的早期刻苦學佛回憶：祖師殿剛蓋好時，由於心道法師此時在法華洞閉關苦修，所以僧眾於此護關，左右兩邊分為男寮、女寮，中間為僧眾禪修之所，每每為日常用度所困，加上殿內潮濕，多有蚊蟲，每於坐禪時須用大毅力來克服種種難關，所以此處一直為弟子緬懷早期修道甘苦的回憶之所。

早期道場初建時，經費拮据，一切建設皆就地取材，皈依弟子僅憑單純護持心道法師閉關的心意，不畏艱辛，克難啟建，運用古法建造祖師殿，以糯米加上沙土當接合劑，運用當地石材，整間建築沒用到鋼筋水泥，以「讓房子呼吸」的理念，確立了簡單樸實、尊重自然的建築禪

法師於祖師殿禪坐，力求去除己身之「違章建築」，求得本心通澈。

風，往後山上建築多依此為主，為山上建築理念的源頭，亦為善信護法初發心之所。

見及這棟山上最早期的建物，遙想道場開創之初，經費拮据，弟子時常擔心無錢可付工程款，就向心道法師說：「師父，明天人家就要來拆山上的房子了，怎麼辦？」心道法師指著弟子的身軀說：「你不擔心自己的這個違章建築，啥時要被拆，還擔心外面的建築！」心道法師以違章建築譬喻自身身體，諷喻弟子要在身體毀滅前努力地修行靜心，不要再擔心外在假合所成的建物，徒增煩惱；於平常生活中教育弟子，充分表現出《六祖壇經》所云：「佛法在世間，不離世間覺；離世覓菩提，恰如求兔角。」的禪宗祖風。

祖師殿一旁的法華洞，是一九八三年心道法師為求對心性進行更深密觀修，延續墳塚修行十年的禪定功

法華洞：心道法師斷食修證、了悟心宗，
發願弘法度眾之處。

夫，決心進行更進一步的斷食閉關，以求悟道明了本心。
一九八三年五月輾轉來到福隆荖蘭山，先於普陀巖行斷食
閉關，以石板為供桌，木板上書寫四大法王、韋陀菩薩之
名，每日清水為供，苦修閉關。後因缺水及不堪外事之
擾，重新尋一安靜處所，於當年中秋時轉駐法華洞。心道
法師於普陀巖與法華洞時，每日僅飲少量水與食用九粒百
花丸，常坐不臥，力行禪修，乃心道法師苦修斷食、承先
啟後的重要所在。

　　閉關，是為了深入體悟心最微細的部分；斷食可讓
心沉澱，有助於剋期取證。心道法師在歷經兩年斷食閉關
後，終見本心覺性，明悟佛陀《法華經》究竟一乘：「眾
生皆得成佛」，乃於一九八五年出關，開始力行弘法利生
的弘化活動，開展靈鷲山普門示現、利生度眾志業。

　　過法華洞，可來到小齋堂，小齋堂是靈鷲山開山的第
二棟建物，同時也是唯一水泥牆面的建築，此因心道法師
有次外出弘法，有師兄見小齋堂外牆嶙峋不平，一時大悲
心起，發心買水泥回來粉刷，希望給心道法師一個驚喜。
等心道法師回來一見，頓時莞爾，雖然有違自身尊重自然
的建築理念，卻也感念師兄在自身拮据下仍心懷道場的赤
子之心，所以保留下來，成為山上道場的獨特風景。

　　過小齋堂續行可至觀海臺，為一呈階梯狀條列而成的
原木座臺，前可瞭望無際的太平洋，心為之開闊，有師法
觀音於普陀山聽潮汐悟道之意。面對太平洋，見證自家本
地風光，向北遙望臺灣東北極點的棉花嶼、花瓶嶼及鼻頭
角燈塔。當此之時，行者不妨心中參悟心道法師「浪有高
有低，海水依舊是海水；生活有苦有樂，心依舊是心。」

法語，放下心中困擾，享受心靈的寧靜。

觀海臺可俯瞰福隆海水浴場之沙灘，在海水沖刷中，痕跡不定，想起心道法師曾說：「心像沙灘，佛法像海水，世間一切事事物物，就像被海水沖過的沙灘一樣，沒有來，沒有去。」配合遼闊海景，讓心回到原點，寧靜下來，享受這片刻的感悟，以及景色與心靈的雙重饗宴。

祖師殿上方為圖書館所在。為因應靈鷲山三乘佛學院開辦，學生與全山僧眾之需，將具有二層樓空間的原客堂改為藏書樓之用，將原本散置的書籍，全置於圖書館，聘請專業圖書管理人員，購置各宗論著、世學書籍；收藏宗教交流、三乘論著等書，加強管理、豐富館藏，使圖書館使用意願與效益更顯著，促進佛學研究風氣，提高僧眾素質，這也是心道法師長久以來所關注的僧眾教育與三乘合一、儒釋道交流的重要思想體現。

靈鷲山無生道場的建築群分布，充滿歷史感，也完整地勾畫出靈鷲山與心道法師的修行本質、特色，藉由早期建築中的諸多甘苦回憶故事與公案的展現，配合建築空間所呈現的歷史感，讓來山善信能更深刻地知曉靈鷲山的歷史與理念。使來山善信對靈鷲山無生道場有所瞭解，不再僅侷限於優美的外在風景與環境，而能深入體悟跟環境相交融的那分法味德香，對於靈鷲山的華嚴聖山計畫能更進一步瞭解其中三昧。

參、法界同參：金佛園區

「靈鷲山每一個地方都是讓人發菩提心、讓人建設無量的功德，建設華嚴世界、正覺成就，遍處菩提心。建設華嚴聖山的目的就像蓋一座燈塔，用來照明、養德，讓心靈離苦，讓全世界的人心到達極樂，這是聖山建設的本質。但是總要有一個傳播站、接引的地方，聖山寺就是扮演這個角色，其目的只有一個：造福地方、造福臺灣、造福人間、造福世界。」

——心道法師

　　心道法師從前於寂光寺苦修時，常往返宜蘭、臺北兩地，每當經過福隆時，見當地環境清幽、少受人為破壞，實為閉關佳地；看到當地居民多靠捕魚維生，地方經濟不繁榮；心想若於此處蓋一廟宇，銜接臺北、宜蘭兩地，發展觀光，使經濟環扣，或能繁榮此處。心思既起，於因緣和合下，心道法師閉關於此，創建靈鷲山無生道場，展開相關志業。

　　隨著靈鷲山各大志業的開展，心道法師對於地方的初發心不曾片刻忘懷，以「華嚴聖山計畫的起始——聖山寺計畫，目的只有一個：造福——造福地方、造福臺灣、造福人間、造福世界，造就一個佛教修行的『國家公園』。」表明欲以利他造福之心，將物質與精神的生活資糧散布給大眾的本意。

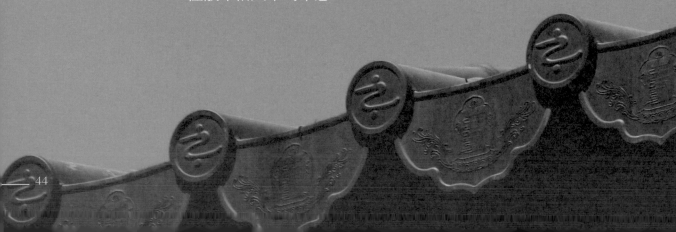

聖山寺於一九八九年由寺產管理人吳春泉老居士捐獻給心道法師管理，唯一的要求僅希望延續「聖山寺」寺名；一九九〇年八月大悲法會暨玉佛陞座大典的啟建，使「聖山寺」成為靈鷲山首座分院；之後，因年久失修，硬體老舊不堪使用，難以再承擔大型活動，於二〇〇五年配合靈鷲山「華嚴聖山」計畫，使聖山寺成為華嚴聖山建設一環，藉此重生，成為現今的金佛園區，此為聖山寺改建之緣由。

　　心道法師認為：「既然承接了聖山寺，就要好好發揮，讓地方得到益處，營造一個對地方、社會、國際有所幫助；對繁榮地方經濟、安定社會秩序也有所推動的寺院。用『愛與和平地球家』這一理念，銜接世界宗教博物館和平志業。」述說著自身對聖山寺的規劃。

　　因此，心道法師說：「我們在這裡興寺院，除了有觀光功能外，還要在每一個人的心靈中，累積倫理道德、生命意義，帶給人們心靈的轉換。讓不安的心得到安定、沒有依靠的心得到依靠、沒有方向的人能找到方向、沒有愛心的人也可從這裡得到啟發；生命沒有意義的，也能找到生命的意義，重新走出躁鬱、憂鬱等因現代人心混亂所形成的文明病。」

　　在現在資訊混亂下，人們已分不清何為重要、不重要，心道法師希望靈鷲山能成為提供這個時代一個方向、目標與累積不變的真理之處，讓大眾有一個遵循的方向，不會迷失自我生命。心道法師以「寺院就是在推動信仰跟教義，安定社會人心。蓋廟的意義在公益、做出貢獻，為

社會做更好的責任、義務。」希望將聖山寺變成靈鷲山弘法與接引大眾的基地。

一九九九年時，心道法師拜會泰國僧王智護尊者，僧王相當認同心道法師建設世界宗教博物館「尊重、包容、博愛」的理念，於二〇〇〇年年初致贈長壽金佛；適逢一九九九年「九二一集集大地震」過後不久，心道法師以金佛基座刻有「刻苦耐勞，堅持走過一切障礙」一語，乃僧王對臺灣人民的祝福，感於震災過後，民眾更需心靈上的慰藉，所以於金佛遶境行程上，特別安排在除夕夜抵達南投中寮鄉，陪伴當地居民。

泰僧王聽聞心道法師此一慈悲之舉，特允將泰國三尊最崇敬的國寶金佛贈與靈鷲山。首先於二〇〇三年水陸空大法會啟建十年時，將來自泰國彭世洛的第一尊金佛——成功佛，送抵臺灣；而第二尊與第三尊金佛——平安佛與圓滿佛，也於二〇〇六年四月，心道法師赴泰主持「金佛頂髻鎔鑄大典」，開啟三尊金佛相聚靈鷲山之因緣。此三尊金佛乃同時於泰國素可泰王朝時期鑄造，原散居於泰國，後在臺灣得以相聚，心道法師藉此殊勝因緣，正式啟動聖山寺金佛園區計畫，建造金佛殿供奉金佛，此為金佛園區的興建因緣。

心道法師希望在金佛護佑下，於園區內推廣生態有機、環保等與自然和諧共存的理念，成為一個結合觀光、休閒、養生、神聖、修行的綜合園區，使地方成為觀光勝地，帶動經濟發展，這是心道法師一直想要送給當地居民的一份禮物與心意。

目前金佛園區中已完成金佛殿、見性樓（檀信樓），善法大樓與女眾寮房已完成外部硬體結構，男眾寮房則仍在建造中，遊客中心尚在規劃。金佛殿為金佛園區最重要的主體建築，二〇一二年年初寺體、主壇城等大抵完成，於當年舉辦新春祈福活動，並於金佛前放置佛足印，供信眾朝禮，至二〇一三年一月內部裝置皆已完成，正式對外開放，提供民眾來此禮佛、祈福。

金佛殿殿體為一圓形建築，心道法師認為：「**圓形代表融合，靈鷲山就是在做融合的工作。**」仿唐風將大殿建成圓形，代表華嚴圓通精神，與一般寺院大殿的方形建築形式不同，此為金佛殿主要特色。金佛殿建五門，皆為緬甸柚木實心木門，皆飾有繡石阿育王柱；其中，南、北門刻有銅雕初轉法輪雙鹿，與縮小比例的印度菩提迦耶正覺塔，塔內刻有眾多小佛；東、西門則刻有初轉法輪雙鹿與八吉祥銅雕；側門為財寶門，刻有藏密財寶天王銅雕。其整體象徵佛法帶給眾生福慧如意圓滿之意，勉勵大眾廣積福慧資糧，力求出世間財。金佛殿外牆上飾以蓮花造型琉璃燈與四大天王、十二天種子字彩晶玻璃箱燈，象徵護佑佛法之意。

屋頂置有九品蓮花金剛鈴杵及長壽寶瓶，於二〇〇九年八月三十一日舉行安座儀式，瓶內裝臟著七珍八寶及諸多佛寶聖物，如佛陀髮舍利、佛陀全身舍利以及由不丹仁波切供養的七古佛舍利、甘露丸等。屋頂造型為倒蓋九瓣蓮花底座、四面菩薩相的金剛鈴杵，以及中間的長壽寶瓶。其中，金剛鈴杵為藏傳佛教修法法器，鈴表慈悲，杵表智慧，具有悲智雙運之意，藏密行者修法時，常以振鈴

金佛殿外觀：造型特殊，以圓形建築象徵圓融、圓滿的華嚴世界，搭配金剛鈴杵與寶瓶，表現出心道法師三乘圓融之特色。

提醒眾生精進修行，化解顛倒妄想，開顯自性智慧光明、方便利生。心道法師在金佛殿圓頂上以金剛鈴杵為造型，即希望提醒眾生精進修行，期勉人人證得智慧與慈悲。

中間的長壽寶瓶則於四邊飾以大象，象徵承擔與實踐，瓶口以象徵金剛不壞的十字金剛杵為嚴飾，杵內裝臟著六百卷《大般若經》，代表空性智慧廣播十方。在藏傳佛教中，身為八吉祥之一的寶瓶代表佛頸，因佛法皆由佛陀口中流出，故寶瓶又為教法、教理的表徵，象徵佛法深厚堅強，具足福智，圓滿充足，如寶瓶般無散無漏，用以寓意祈願眾生獲得圓滿無上教義。

屋瓦為紅銅銅瓦，上刻靈鷲山標誌與時輪金剛；斗拱為唐式建築，上置龍頭雕飾，屋簷上下層分別懸掛刻有

「寶篋印陀羅尼咒」及「準提咒」的鈴鐸，整體外觀為圓形建築。

金佛殿內景：殊勝的因緣，三尊泰國金佛於此相聚，頂蓋為華嚴字母，象徵華嚴智慧修行法門與境界。

殿內供奉三尊泰國國寶金佛，金佛座前有泰國僧王印圖樣，背後的佛背牆，以紅色背景為主，正面有象徵地、水、火、風、空五大的五輪塔，內嵌二百五十八尊白玉琉璃佛；背面則延請西藏喇嘛耗時三年多，彩繪一百零八尊各樣度母與千手千眼觀音畫像，象徵觀音法脈傳承。

殿內外環四根表吉祥寓意的泰國皇室方形紅柱，與八根刻有五十九萬字華嚴經文的華嚴經柱，底座為蓮花座造型，由正門口第一根華嚴經柱往順時針方向誦念，至第八根剛好為一部《華嚴經》。地板則為舊米黃加漢白玉拼花石材，使人進入感覺空間明亮、柔和，布置以簡單莊穆為主。

天花板為蓮花造型，中為手工彩繪的觀音曼陀羅，旁繪五龍環繞，象徵龍天護法護持道場，整體色彩明亮，外面蓮花花瓣上則刻有出自《華嚴經·入法界品》的四十二字華嚴字母，是善財童子五十三參時，眾藝童子所教，為修學菩薩道，深入般若波羅蜜門的「字智法門」。天花板

下另有蓮花牆與樑柱相接，上鑲五百七十六尊三彩琉璃成功佛。

金佛壇城下方為長寬各3.4公尺，深度達1.64公尺的地宮，心道法師期許這座聖殿是大眾成佛的緣起，於二○一○年一月地宮封頂前舉行地宮裝臟法會，七天七夜不間斷地持誦《妙法蓮華經》，法會期間天空瑞相不斷，法師與居士們接力精進，共同感受不可思議的佛力加持。地宮中間擺放紅銅鑄造的「婆羅浮屠」模型，裡面收藏不鏽鋼鍍鈦蝕刻以白臘封存、可保存千年的《阿含經》、《大品般若經》、《法華經》、《華嚴經》、《楞嚴經》與《楞伽經》六部經典。六部經典中，前四部經典分別對應心道法師的四期教育觀，《楞嚴經》代表正見的佛法，而《楞伽經》則代表禪宗傳承。這六部經典象徵靈鷲山以正見、禪心與四期教育，成就佛法傳承，利益眾生之意。

而「婆羅浮屠」模型則用以體現佛教最高思想──人人皆可成佛的華嚴世界，以婆羅浮屠中的佛教大千世界故事浮雕表示華嚴世界。地宮外牆四面則有四大天王、八大明王的石板手工彩繪，以及銅雕寶篋印陀羅尼塔與五塊和闐玉石，地板鋪設有奇珍八寶石。

整座聖殿在整地之初，為使大地靈祇安定，舉辦了數場的安土地龍神法會，並於地基安放諸多寶瓶，慎重地啟建法會，以祈菩薩護法加持這塊寶地。

從金佛殿建築的每個小細節皆能看出心道法師的修行理念與尊重、包容自然的特色，例如殿內四根泰式皇室

方形紅柱與三尊泰國國寶金佛，以及殿門的印度正覺塔銅雕等，充滿南傳佛教藝術風格；而殿中八根華嚴經柱的蓮花座造型、天花板的觀音曼陀羅、佛背牆後面的千手千眼觀音與一百零八尊度母畫像則為藏傳佛教風格的體現；以及大殿的華嚴經文柱、地宮裝臟經典、天花板的華嚴字母等等，以及屋樑的唐式建築與殿內簡潔明亮的空間設計，充分表現出漢傳禪宗本色。整體建築呈現心道法師三乘融合以及重視華嚴精神的修行理念，而整座聖殿維繫法脈傳承的堅持，儼然已是一座聖塔的變現，民眾到此禮佛、繞塔、禪坐、經行，都是成就佛果的殊勝緣起。

而建築上尊重、包容自然的特色，可由下看出：金佛殿前有一棵原生雀榕，自聖山寺尚未改建就存在，是當地的「原住民」，在建造金佛殿時，心道法師以「**比我們早來的，就要尊重它，要保留下來，不要隨意破壞。**」的尊重、包容自然的理念，告知工程人員將之保留；在園區內常見許多草皮、樹木與石頭羅布其中，這都是以前聖山寺的原住民，都被加以保存，當成景觀設計，體現心道法師自然愛物與尊重包容的精神。

金佛殿右邊為善法大樓，為三層樓建築物，以結構嚴謹、氣勢磅礴的唐式建築風格為特點，其屋頂平直、坡度和緩、屋簷多斗拱設計，銅瓦覆蓋，主要作為金佛園區的教育中心。其一樓規劃供奉觀音菩薩像，供信眾朝拜；二樓作為小型辦公區與教育中心所在，三樓也是佛堂，主要作為大型禪修中心、法會舉辦處。善法大樓為金佛園區的重要建築之一，藉由教育訓練與禪修、法會的舉辦，接引信眾，凝聚信眾向心力，為靈鷲山的弘法基地。

　　善法大樓再過去則是男女眾寮房，為信眾前往靈鷲山參與法會或山上活動時的住宿區域。金佛殿左邊為見性樓，為知客堂與方丈室；金佛殿前方的空地，規劃興建遊客中心，作為心道法師發展地方經濟的所在。遊客中心乃心道法師用以緊密連結福隆地區跟靈鷲山之處，希望藉著遊客中心的建造，使之成為來到福隆觀光、遊玩的旅客進來金佛園區，從而認識靈鷲山的接引處所。

　　遊客們可於此選購紀念品，並稍事休憩。經由金佛園區內的導覽，讓有興趣的遊客到金佛殿禮拜金佛，透過解說殿內莊嚴、充滿心道法師修行特色與理念的建築營造，使之在禮佛之餘能更進一步瞭解靈鷲山「慈悲與禪」的宗風理念，觸發學佛興趣，進而至善法大樓參與靈鷲山的法會或禪修活動，更進一步地走向自利利他的菩提大道。

　　靈鷲山從早期在聖山寺舉辦過諸多法會、活動，信眾在此度過多少寒暑，至二〇〇五年為活化地方與弘揚佛法，啟建金佛園區；心道法師的理念一直不變，心道法師曾說：「我們出家人就是做承先啟後的工作，做眾生跟佛的橋樑。這需要仰賴僧眾來弘法，讓大眾知道修養的目標跟修善的方法如何進行，走向善道，從佛的法上能得到明瞭。」所以心道法師希望將金佛園區建設成靈鷲山的弘法基地，也一直朝著這一理念邁進，逐步完成園區建設。

肆、心靈歇處：各地講堂 與國際禪修中心

「為何要做一個莊嚴、有氣氛的講堂？主要是讓大家一進到講
堂，就可感覺心非常安定、不散亂，讓自身凡俗、染著的心能
清淨下來。讓眾人來到講堂，就像感覺進入清淨的世界。講堂
的功用就是為社會大眾帶來靈性、良好人性品質的提升。」

——心道法師

靈鷲山全球各地講堂的設立，大抵皆為弘法所需，並
方便信眾共修精進、提供佛法的學習，應緣而設。心道法
師認為：「講堂的設立主要是為了讓大家感覺心安、不散
亂，讓心清淨下來，為社會大眾帶來靈性的提升。」所以
在講堂空間設計上具有安頓身心與提升靈性等功能。

另外，靈鷲山也感於全球人們靈性的困乏，以及因
為人心的貪瞋癡，導致衝突、對立時而發生。心道法師認
為：「心和平，世界就和平。」唯有透過禪修提升內心的
能量，使內心平和、寧靜，才能化解外在的矛盾衝突。因
此，靈鷲山分別於緬甸、尼泊爾、美國與加拿大等地，規
劃成立四座國際禪修中心，接引有志於修行的國際人士，
來此禪修，並作為在當地弘揚佛法的基地。

一、海內外講堂

　　靈鷲山各地講堂的成立，皆因「人」所成——不論是信眾所需，抑或為弘揚佛法；也因「人」而啟緣——諸如諸多善信的湧現促成講堂成立因緣。

　　心道法師修行以來，從寂光寺時期就有諸多善信前來護持，信眾弟子遍布宜蘭、三重、新莊、基隆、桃園等地。一九八四年無生道場建立以後，更多善信慕名前來，求道、解惑。在心道法師的觀機逗教之下，靈鷲山四眾弟子日益增多，觀此榮景，心道法師與弟子也開始思索如何好好發揮這股清淨力量，推廣佛法，為社會人心的和諧與地球和平盡一份心力。所以一九九〇年秋天，於各地陸續成立分會，以組織的力量推動心道法師的弘法心願，正式成立靈鷲山護法會；除臺灣北部外，在臺灣中部與南部亦漸有分會與共修處出現。

　　早期分會以人的關係網絡為主體，分會空間都是信眾發心，以自家客廳作為彼此聯絡相約之處，沒有足夠空間提供信眾共修、交流，處於「人的建設」階段。心道法師有鑑於此，指示靈鷲山總本山協助各地分會尋覓合適處所，購置講堂，同時推動各地護法委員與執事法師將講堂作為法會、禪修活動、共修以及信眾間聯誼、交流學佛心得的地方，使信眾能藉由進入講堂，獲取佛法資糧，將講堂的空間功能突顯出來，以空間利用為主體，扎根當地，成為「物的建設」，為靈鷲山弘法地方的場域。

　　目前靈鷲山各地講堂按照規模大小、作用與信眾需求，由大至小分為分院、講堂、中心、共修處；至於國

外，則依當地習慣沿用命名。其中，臺灣有新北市分院與
臺南分院二處，蘭陽講堂、基隆講堂、臺北講堂、桃園講
堂、臺中講堂、高屏講堂等六處講堂，新莊中港中心、樹
林中心、中壢中心、嘉義中心、臺東中心等五處中心，以

泰國講堂壇城

及新竹共修處、新營共修處、蘇澳共修處與花蓮共修處等
四處共修處，總共十七處。國外則有印尼雅加達中心、美
國紐約One center道場、香港佛學會、泰國講堂、新加坡
佛學會與馬來西亞佛學會等六處。這二十三處的講堂、中
心，除作為心道法師為信眾習佛參禪方便應緣而設之所
外，也擔負起提升民眾心靈力量的宏願重任。

在講堂位置的選擇上以及內部空間規劃，心道法師亦
多所考量與要求，以空間廣闊、交通便利為主；對於內部

美國紐約One center道場外觀

空間布置，則旨在呈現神聖莊嚴、簡潔樸實環境，使信眾進入能靜心聞法，成為各地講堂的共同特點。

講堂內部空間規劃以表現明亮、神聖氛圍為特點。例如，以落地窗設計，藉由自然光線照射，呈現金黃、明亮的神聖莊嚴氛圍，使人進入其中能寧靜下來。在空間規劃，則又可分為壇城與活動區兩種功能。

壇城為講堂靈魂所在，以莊嚴、神聖為主，除供民眾禮佛、舉辦法會、共修之用，另有接引民眾學佛、弘傳佛法之理念。主壇城除香港佛學會供奉千手千眼觀音外，其餘皆供奉釋迦牟尼佛。另外，因緬甸白玉溫潤厚實，飾以藍、紅、金色的緬式彩繪風格，予人慈悲親近、高貴柔美之感，故各處講堂的主尊佛像大多以緬甸白玉佛為主；伴隨各地講堂的不同，玉佛亦有慈祥、安樂、肅穆、恬靜等面貌。少數講堂的壇城主尊則採用不同材質或造型的佛像，如紐約One center道場與基隆講堂的泰國金佛、中壢中心的金身釋迦牟尼佛像、臺東中心的法王子像，以及新北市分院擁有三百多年歷史的柬埔寨古銅佛等。

主壇城後面，或懸布幔、唐卡、佛塔圖樣，或以〈大悲咒〉、《心經》字樣裝飾，或採樸實簡潔造型的背光牆等式樣，用以襯托出佛像的神聖、莊嚴。壇城兩側多懸掛

新北市分院壇城內景

「了了有何不了，生生還是無生」對偈，乃因心道法師曾以「世間就像電影般虛實相雜，我們在生活當中的想法跟慾望如何能夠清淨？必須靠禪修。禪修就是專注，把心收攝，聆聽、觀照寂靜，無生、無滅，觀照『了了有何不了，生生還是無生』的本來心性。」一語，道出修心之重要，突顯以禪為重的修行本色，所以作成對偈，使靈鷲人能時時謹記奉行。

此外，多數主壇城兩旁設有觀音菩薩與地藏菩薩壇城，分別供奉觀音菩薩與地藏菩薩，有木雕、銅鑄、陶塑等不同表現形式；作為講堂啟建梁皇法會或水懺法會時的消災、超度法壇。

同時另設置有供奉韋陀菩薩、伽藍菩薩、財寶天王、四大天王等護法聖像的護法區；少數講堂則於此區供奉華嚴三聖、瑪哈嘎拉等，可謂特殊。護法區的護法聖像線條

臺北講堂的壇城

表現多以簡樸、莊嚴、威武、工巧、寂靜等貌呈現，當中以新北市分院的「四大天王銅板浮雕合立柱」與出於鹿港技藝高超木雕師傅之手的臺北講堂「四大天王檜木洞窟屏牆」最為有名，極具觀賞價值。來訪信眾可藉著莊嚴的四大天王像，感受莊嚴氣氛，攝受己心。

臺南分院莊嚴的華嚴三聖壇城

　　另外，各地講堂於壇城旁，多設有舍利塔、小金佛、擦擦（善業泥，梵語音譯，指一種模製的泥塑佛像或泥塔。）等聖物，皆是為了感念善信大德於講堂啟建時發心護持所設，為講堂一特色景觀，各地擺設皆不同。如臺北講堂、新莊中港中心、樹林中心、臺中講堂、臺南分院等處擺放擦擦磚牆；桃園講堂、高屏講堂與香港佛學會則放置舍利塔光牆，以及基隆講堂的金佛群臺等。

　　其中，臺中講堂的「千佛窟」最為著名，由擦擦所製的拼磚規律密布於講堂牆面、柱身，猶如千佛垂顧；並在四周運用透光牆面以及窗櫺設計，於上供奉諸多舍利塔，營造莊嚴、神聖的空間，這是心道法師於臺中講堂建立之初，特別囑咐的建築結構，充分表現出心道法師對於講堂營造的理念。

　　臺南分院是靈鷲山第一個分院，以華嚴三聖為供奉主尊——釋迦牟尼佛、文殊菩薩、普賢菩薩，是世界宗教博物館舉辦「神氣佛現——山西泥菩薩展」時邀請山西

臺中講堂壇城全景

明亮的空間運用，由樹林中心禪修區看向委員聯誼區與壇城。

西區桃園講堂

基隆講堂

泥塑師在博物館現場雕塑完成的佛像，特展後即安奉於此，彩繪絢麗，莊嚴無比，禮敬者無不法喜充滿。分院的內裝設計以琉璃為主飾，三聖背牆所刻〈大悲咒〉與《心經》以及兩側華嚴偈，皆以琉璃斷句示法之珍貴。一面琉璃袈裟牆，敬奉布施功德。而地上從門檻到佛前的蓮花道，串聯出由凡入聖的軌跡。樓下佛堂以琉璃八吉祥飾頂，柱上鑲滿三色琉璃佛像。分院屹立南臺灣，依舊傳遞著華嚴緣起成佛的展現。

　　心道法師曾以「行、住、坐、臥都是念佛，設置佛堂就是鼓勵我們精進修行，幫助我們心地清淨；所以，佛堂要擺在清淨的位置。然而，最好的佛堂是擺在心中。」期盼信眾能時時攝心，警示信眾除了藉由外在環境的神聖清淨佛堂幫助自己攝心，自心的警覺更是重要。

　　至於活動區，主要功能在信眾聯誼、課程教授、經典共修之用，諸多講堂活動皆於此處進行，諸如開設茶、花、書畫道、敦煌舞、瑜伽等世學課程外，還有開設《菩提道次第廣論》、佛學概要、平安禪等佛學課程；加上〈大悲咒〉、《金剛經》、〈普門品〉、《華嚴經》等經典共修以及《慈悲三昧水懺》、千燈供佛等法會活動，由中可見心道法師對於講堂教育功能之重視。

　　伴隨各地特色的不同，使得各地講堂的教育活動與空間規劃亦有所不同，譬如二〇一二年九月新搬遷的樹林中心，因周遭地勢空曠，空間大，設有近

三百六十度採光的瑜伽禪修區，用以推廣禪修與瑜伽；以及執事法師對於華嚴經典的尊崇，使得華嚴拜懺成為樹林中心一大特色。而二〇一二年五月新搬遷的臺北講堂，則因地處交通便捷的捷運站與周遭多上班族，所以設立教室區，廣開佛學及世學課程，以此與當地交流。另外，每年農曆七月於桃園巨蛋體育館啟建的水陸空大法會，為靈鷲山的年度盛事，桃園講堂作為水陸空大法會啟建的當地講堂，為深化水陸殿堂，引領大眾真正進入瞭解水陸精神，培育水陸空大法會的種子，特別開設水陸課程等，皆可顯現各地講堂的特色。

二、四大禪修中心

近年來，隨著世界邁入全球化時代，人們對於快速變動的資訊、物質文明產生焦慮感，渴求心靈慰藉。心道法師見到社會的病症，本著華嚴「一即一切，一切即一」的世界一同精神，於全球能量匯聚之處，成立四大禪修中心，作為「華嚴聖山計畫」之一部分，用以推廣禪修，使禪修成為人們追求心靈安寧的良藥，讓人們都能回歸心靈上的聖山。

這四大禪修中心分別是緬甸法成就寺國際禪修中心、尼泊爾密勒日巴國際禪修中心、科羅拉多國際禪修中心以及溫哥華國際禪修中心。其中，緬甸法成就寺國際禪修中心已於二〇〇七年舉行開光聖典並啟用，作為靈鷲山推動「愛與和平地球家（Global Family for Love and Peace，簡稱GFLP）」緬甸計畫的推動中心，承擔弘傳佛法與「愛與和平地球家」之願力，推動佛國種子獎學金、大雨托兒所、弄曼修行農場等諸多計畫的基地；其餘三處仍在規劃中。以下分別述說之：

緬甸法成就寺內部壇城全景

緬甸法成就寺國際禪修中心位於緬甸故都仰光大金塔北門和東門之間，作為心道法師傳承禪風之所。心道法師自十三歲離開緬甸，隨孤軍撤退來臺，於一九九四年再次踏上緬甸，依止緬甸國師烏郭達剌尊者，受南傳阿羅漢戒；爾後遇烏南德巴拉尊者，贈送仰光大金塔周邊最珍貴的聖地予心道法師，希望能興旺佛教，使佛法的修行傳承與優美文

化，能弘揚到世界各地，利益廣大眾生。

　　法成就寺建地於二〇〇二年十月舉行灑淨儀式，二〇〇四年七月動工，至二〇〇六年一月完工，心道法師於二〇〇七年四月七日前往開光，啟用至今，為四層樓建築。其中，地下一樓主供多功能大型聚會或餐廳之用；一、二樓為挑空設計，頂端為緬甸式屋頂，中央壇城供奉白玉三世佛，空間布置簡潔自然，作為大殿與法會集會之用；三樓設有小型會議室，採光明亮、自然雅緻，中廊外則環繞一百零八根舍利柱，裝臟有佛舍利；屋頂作為心道法師禪修關房，為塔樓建築，周圍可供露天行禪、坐禪。整體陳設樸實、簡單，維持心道法師一貫自然建築風格。

　　法成就寺也接引對禪修有興趣，想要短期修行者，引領禪修者體驗禪法自然安祥的妙處。同時也開設禪修課

程，宣揚、精研心道法師寂靜禪法，復因緬甸乃上座部佛教保留完善之所，接近佛陀時代原始教法精神，僧侶戒律精嚴、定學中的禪定方法保留古味，加上於生活中無所不在，揉合自然、純樸、簡潔的佛教慧學要義，所以也委請當地禪師前往授課，教導眾人於日常生活中運用佛法、禪修，實現佛法的入世修行。

而於聯合國註冊的NGO非政府組織GFLP「愛與和平地球家」在緬甸也以法成就寺為基地，進行多種援助功能，如大雨托兒所計畫、弄曼修行農場、佛國種子獎助學金、僧伽高等教育留學計畫、聖蹟佛塔修護計畫等，關懷泰緬柬等地區的孤兒教養問題、僧伽進修與佛教文物古蹟的保存等問題，深具生命教育、生態倫理等普世關懷的特殊意義。

總地來說，法成就寺乃心道法師弘揚、保存傳統佛法，結合南傳佛教戒定慧三學，配合GFLP的入世關懷，用以行菩薩道的實現之所，亦代表靈鷲山核心理念「慈悲與禪」的顯化，為靈鷲山在緬甸的靈修中心。

　　另一處為尼泊爾密勒日巴國際禪修中心，位於尼泊爾首都加德滿都郊區，基地中心為心道法師景仰的大修行者密勒日巴尊者修行成就的閉關山洞。附近有顯密共祖——龍樹菩薩之聖像、著名宗教聖地「空行母之所」、「永不熄滅的火」、「永不停止的水」等聖蹟。

　　密勒日巴尊者以自身生平現身說法，成就密乘圓融法教，於詩歌中處處談及般若、心性，其作風、精神顯示佛法的樸實、堅苦與實踐，為西藏「實踐佛法」的代表，心道法師最崇敬的大修行者之一。心道法師與尊者的因緣始於一九七六年在宜蘭莿仔崙靈骨塔閉關時，於一次禪定深觀中，得尊者示現授記，賜法號「普仁」，並預示未來修行障礙與成就。一九九七年十二月，心道法師至印度、尼泊爾朝聖時，因與尊者深厚的師徒緣，特別朝拜尊者修行山洞，發願於尊者修行山洞附近建一國際閉關中心，提供各方人士一個修行閉關場所。

　　尼泊爾密勒日巴國際禪修中心採用社區型態、互生互助的施工模式與當地配合，改善人民生活，避免受城市化

尼泊爾密勒日巴國際禪修中心

開發的破壞，照顧聖地自然生態的完整性。近年來，經過
水利建設、植栽培育之後，過往滾滾沙塵的環境如今變成
綠蔭搖曳，對於環境培育有其貢獻。未來中心景觀欲規劃
建造一間間錯落於山坡間、林蔭遮蔽的禪房，提供國際對
有志實修者前來。

科羅拉多國際禪修中心：一望
無際的原野，充斥著各國靈修
建築，心道法師欲於此建一世
界宗教交流平臺，實現「百千
法門，同歸方寸」的華嚴精神
與「尊重、包容、博愛」的宗
博理念，推廣聖山精神理念。

　　科羅拉多國際禪修中心，座落於美國科羅拉多州柯瑞
斯東（Crestone）印地安聖地保護區，地處廣闊平原，鄰
近都市郊區。心道法師於二〇〇〇年九月，受聯合國和平
組織主席莫瑞斯・史壯博士（Dr. Maurice Strong）夫婦邀
請，前往印地安少數民族霍皮族（Hopi）參訪。

　　心道法師與印地安人互有交流，認為：「戰爭是毀滅
地球的因素，想要救地球，就需要學習印地安人和世界各
地的原住民與大自然和諧共處的生活模式，尊重大自然，
視大自然為母、視一切為有靈，與自然相互尊重、和諧的

理念。所以我在各地演講時，都推薦印地安人這份對自然的尊重、和諧。對現代世界而言，這是最好的環保文化，也是能長久持續、拯救地球現況的文明。」讚嘆印地安文化乃世界靈性文明之瑰寶。

心道法師長年於各地進行參訪交流，接觸各地宗教人士，見及此地錯落分布眾多外型美觀特殊的各宗教聖殿會所，希望於此規劃一禪修閉關中心，作為與各宗教參訪交流的平臺，延續世界宗教博物館理念，將「愛與和平地球家」的大愛精神傳出，實現萬法同歸方寸的精神，契入華嚴聖山計畫，將聖山精神傳至國外。

最後為溫哥華國際禪修中心，位於加拿大卑詩省吉利華市（Chilliwack）。心道法師欲將之規劃成一座培育僧俗二眾禪修菁英與國際弘法人才，作為東西宗教交流的重鎮。設計風格以簡約莊嚴為主，用整體寬廣格局的建造風格營造宏觀視野，以科技與環保為規劃重點。

溫哥華國際禪修中心設計圖：預計座落於卑詩省的國際禪修中心，承載了心道法師培養國際弘法人才與禪修菁英以弘法於國際的理想。

國際四大禪修中心為心道法師於全球的弘法基地，也是心道法師真心獻給大眾的心靈禮物。藉由禪修的寧靜與明心，使人心和諧，宣揚愛與和平精神，在現今全球化緊密連繫下，運用科技、網際網路，使人心能彼此尊重、包容與博愛，超越地區、空間、種族界限，成就地球和諧一家的理

© andrew cheung architects inc.

想，此為海外四大禪修中心的理想，也是華嚴聖山計畫所欲環扣的要點。

華嚴聖山建設宗教文化教育園區：使現代人能於此轉換身心靈、認識精神文化與生命教育涵養，為靈鷲山培育弘法人才與推動宗教和平之所。

伍、華嚴世界的教育藍圖：宗教文化教育園區

「我們修行為了什麼？就是為了推動整個善的種子，讓世界快樂起來；推動善的循環、佛法的離苦得樂，慈悲一切的種子。我們發菩提心，願自利利他，成就佛果，追尋永恆的生命，這是我們歸屬的地方，也是我們成就佛果、成就永恆生命的快樂所在。」

——心道法師

　　《華嚴經》是佛陀成道後，第一部講的經，呈現佛陀成佛證悟後的境界，心道法師認為這個境界其實也就是禪的境界，「華嚴就是禪，禪就是華嚴」，一切都是圓融無礙的。因此，自從心道法師廣開法筵，入世度眾弘法以來，便發願呈現《華嚴經》描繪的圓融無礙的和平世界。籌建世界宗教博物館、促進宗教和平共存共榮是這個計畫的第一步。在世界宗教博物館於二〇〇一年開館後，心道法師以建設「華嚴聖山」，作為建構「愛與和平、華嚴世界」的心靈基地，以含括硬體與軟體的建設，營造「心靈聖山、和平聖山」，傳承佛陀法教，讓靈鷲聖境在千年後

仍能不間斷地啟發眾生的佛心，圓滿成佛的悲心願力。

華嚴聖山的硬體建設包括：聖山寺金佛園區、宗教文化教育園區，以及海外禪修中心等建設的短、中、長期計畫；軟體部分，則以心道法師締造「愛與和平」世界的願力為藍圖，希望從教育、文化的層面，從回歸總本山——回到自性的清淨心，以及遍撒無盡的成佛種子，讓每一個眾生都有成佛的機會，讓每一個人都能具足推廣生命共同體的悲心願力。

心道法師自少即經歷戰亂，渴望和平。因此，無時不在思考和平的可能。心道法師創立靈鷲山無生道場以來，靈鷲山即以培養弘法僧才，促進宗教對話、交流，使宗教間彼此瞭解，減少紛爭、對立，相互尊重、和諧對待為理念，實現「與地球共生、呈現自然生態、展現具國際特色的宗教文化與生命教育」的宗旨，遂於福隆總本山開始籌設宗教文化教育園區。

　　宗教文化教育園區建設規劃目前分為兩階段，第一階段是生命和平大學學院之一：包括宗教研修學院、文殊廣場區與民眾服務區。希望以長期培養弘法利生、淨化社會、終身服務奉獻、修習佛教三乘以及兼修其他宗教學、世學的佛教僧才與宗教人才為主的規劃理念，讓靈鷲山成為國際宗教交流平臺，以及人才培育的搖籃。

　　宗教文化教育園區的第二階段為生命和平大學全區。延續世界宗教博物館「尊重、包容、博愛」理念，運用「百千法門，同歸方寸」的華嚴精神，藉著多年來與國際社會進行宗教交流、推廣愛與和平的經驗，以及因應世人靈性提升的需求與對和平的渴望，生命和平大學是落實、實踐心道法師教育理念的場域，以生命教育提升世人的靈性品質，以「心和平，世界就和平」的理念，創造「愛與和平」的世界。

　　在第二階段的建設中，有一區為靈修區，希望提供一處專門供有志靈修者修行處所，配合地形景觀，運用空間與環境的營造，強化宗教靈修氛圍，使不同宗教的靈修者在自然、神聖的環境下，體驗內心寧靜的和諧感與寂靜之美。

　　宗教文化教育園區的整體規劃原則融入了靈鷲山「慈悲與禪」的宗風，與「傳承諸佛法、利益一切眾」的使命，力求簡樸、自然、和諧，重視生態環保，強調人天自然共存。心道法師認為：「蓋聖山就是希望每一個人能夠在這混亂的社會當中，由此轉換出一份心靈的超越，讓心歸零，得到寧靜，從而能夠更關懷人類、對家庭更有愛、對社會秩序更關心。當然這些都是一個誘因，主要就是要

讓大家的身心靈能有個轉換的地方，轉換是最重要的目的。」因此，建設宗教文化教育園區的目的，即是藉由建物與自然的交融，呈現出一處令人可生起菩提心、安定繁雜心的神聖空間，以此淨化社會人心，執行急難及災害救助與各項濟世救人之慈善事業，並依照心道法師四期弘法教育理念，以實修實證、三乘合一的四期教育，圓融觀念的跨宗教發展，培育理論與實修並重的僧才。

陸、結語

　　包括宗教文化教育園區在內的華嚴聖山計畫，以培養兼具慈悲與禪的國際弘法人才，提供國際禪修中心師資，建立國際禪修道場體系，健全禪修系統，將靈鷲山打造成集聖人、聖地、聖物的聖山，成為全國宗教、文化、休閒特色的心靈場域。宗教文化教育園區的規劃，可見心道法師對於教育的重視。心道法師認為若要世界和平，就要先從人心的和平做起，使人人內心寧靜、和諧，減少衝突的產生，進而環扣到家庭、社會、世界，那麼和平終有到來的一天。而追求內心的和平，佛法無疑是一帖良藥，因此，欲弘揚佛法真義，得先培育專業僧才，建立傳承才行。心道法師說：「佛法要永續，就要做教育，沒有教育，佛法就沒有根。身為佛陀的弟子，要『續佛慧命，護持三寶』，做有意義的事情，如此才有後續！」宗教文化教育園區與生命和平大學的設立，正是為了讓佛法千年傳承。

　　「不管任何生命，都脫離不了生老病死。不同的生命價值，將引導出不同的生命之旅。唯有透過最基本、最完整的生命教育課程，才能幫助每一個人對生命有更深一層的探索與體認，進而找到人生不同的階段、目標及價值，

發揮生命服務生命、生命奉獻生命的精神。」心道法師如
此認為，而這也正是為什麼心道法師要推動華嚴聖山建設
的原因。現在華嚴聖山計畫正逐步開展，相信在未來將會
為人類帶來和平的希望，也會不斷地緣起人人成佛的悲心
大願。

附錄

一、各地講堂與禪修中心地址

國內部分：

講堂	地址	電話
總本山 無生道場	新北市貢寮區福連里香蘭街7之1號	886-2-2499-1100
聖山寺（金佛園區）	新北市貢寮區福隆里東興街30之1號	886-2-2499-1901
寂光寺	宜蘭縣礁溪鄉龍潭環湖路70號	886-3-928-3485
臺北講堂	臺北市中山區松江路220號5樓	886-2-2571-6663
基隆講堂	基隆市中正區義一路43號10樓	886-2-2424-0533
新北市分院	新北市永和區保生路2號8樓	886-2-8231-5685
新莊中港中心	新北市新莊區中安街3號5樓之2	886-2-8992-2369
樹林中心	新北市樹林區中正路415號7樓	886-2-2688-3135
桃園講堂	桃園市中正路1071號16樓之1、2	886-3-346-3093
中壢中心	中壢市裕民街26號12樓	886-3-426-2431
新竹共修處	新竹市興中街53號	886-3-562-4114
臺中講堂	臺中市西區東興路三段160號4樓	886-4-2319-0199
嘉義中心	嘉義市吳鳳北路291號4樓	886-5-216-2820
臺南分院	臺南市東區長榮路一段203號7樓	886-6-208-3981
新營共修處	臺南市新營區民生路52號6樓之3	886-6-635-0890
高屏講堂	高雄市新興區中正二路182號13樓	886-7-225-5187
蘭陽講堂	宜蘭市中山路一段468號	886-3-925-5319
蘇澳共修處	宜蘭縣蘇澳鎮蘇東北路2-26號	886-3-995-3269
花蓮共修處	花蓮縣吉安鄉仁里八街100號	886-3-835-7789
臺東中心	臺東市志航路一段302號	886-8-922-6990

海外部分：

講堂	地址	電話
香港佛學會	香港灣仔灣仔道230號19樓佳誠大廈	002-852-28933999
泰國講堂	701/205 Royal Castle Building Pattanakarn Road Soi 30(BUPPA) Suanluang Pravet, Bangkok 10250, Thailand	002-662-3194531~2

新加坡 靈鷲山佛學會	116A Pasir Panjang Road Singapore 118540	002-65-62730093
馬來西亞佛學會	吉隆坡中心 11-2 Jalan PJU 8/5F, Bandar Damansara Perdana, 47820 Petaling Jaya, selangor, Malaysia 柔佛中心 No. 60-03, Permas 10, Permas Jaya, 81750 Johor Bahru, Johor, Malaysia	吉隆坡中心 002-603-77100093 柔佛中心 002-607-3889093
印尼雅加達中心	Pluit Murni 4, No. 14, Jakarta Utara, Indonesia.	002-6221-66697175
美國紐約 Onc center道場	Flushing（法拉盛） 133-22 41Rd. Flushing, NY11355 T:718-359-0093,U.S.A Bayside（貝賽德） 64-46 211 Street Oakland Garden,NY11364,U.S.A	002-1-718-279-2926
緬甸法成就寺 國際禪修中心	Dhamma Wun-tha Kyaung Thit Arzarni Street, Bahan Township Yangon, Union of Myanmar	002-951-375515

二、世界宗教博物館

世界宗教博物館

館址：新北市(23444)永和區中山路一段236號7樓

電話：(02)82316118

傳真：(02)82315966

Email：message@mwr.org.tw

三、靈鷲山志業網站

靈鷲山全球資訊網 www.093.org.tw

靈鷲山教育網 www.093edu.org.tw

心道部落格 hsintao.typepad.com

國家圖書館出版品預行編目(CIP)資料

靈鷲山30週年山誌. 寺院建築篇 / 靈鷲山教育院彙編
-- 初版.-- 新北市：靈鷲山般若出版, 2013.07
　面；　公分
ISBN 978-986-6324-58-1(精裝)
1.靈鷲山佛教教團 2.佛教團體
220.6　　　　　　　　　　　　102011356

靈鷲山30週年山誌/寺院建築篇

開山和尚 / 釋心道

總策劃 / 釋了意

彙編 / 靈鷲山教育院

圖片提供 / 靈鷲山攝影志工

發行人 / 歐陽慕親

出版發行 / 財團法人靈鷲山般若文教基金會附設出版社

地址 / 23444新北市永和區保生路2號21樓

電話 / （02）2232-1008

傳真 / （02）2232-1010

網址 / www.093books.com.tw

讀者信箱 / books@ljm.org.tw

法律顧問 / 永然聯合法律事務所

印刷 / 皇城廣告印刷事業股份有限公司

初版一刷 / 2013年7月

定價 / 新臺幣1800元（一套六冊）

ISBN / 978-986-6324-58-1（精裝）